Sandra Giereth

Leitfadeninterview und Qualitative Inhaltsanalyse als Instrumente der Qualitativen Forschung

GRIN Verlag

Bibliografische Information der Deutschen Nationalbibliothek:

Die Deutsche Bibliothek verzeichnet diese Publikation in der Deutschen Nationalbibliografie; detaillierte bibliografische Daten sind im Internet über http://dnb.d-nb.de/ abrufbar.

Impressum:

Druck und Bindung: Books on Demand GmbH, Norderstedt Germany
ISBN: 978-3-656-01314-3

Dieses Buch bei GRIN:

http://www.grin.com/de/e-book/178985/leitfadeninterview-und-qualitative-inhaltsanalyse-als-instrumente-der-qualitativen

Hausarbeit

Leitfadeninterview und Qualitative Inhaltsanalyse als Instrument der Qualitativen Forschung

angefertigt an der
Hochschule Harz
Fachbereich Wirtschaftswissenschaften
Studiengang Business Consulting

vorgelegt von:

Sandra Giereth

eingereicht am: 17. Juli 2011

Inhaltsverzeichnis

Abbildungsverzeichnis

1 Hinführung zum Thema und Aufbau der Arbeit

Die qualitativen Forschungsmethoden gewinnen in den letzten Jahren zunehmend an Bedeutung. Anwendung finden sie insbesondere in der Kommunikationswissenschaft, mittlerweile jedoch auch in der Psychologie, Erziehungswissenschaft oder Soziologie. (Mayring, 2008, S. 9f) Aufgrund der gestiegenen Resonanz beschäftigt sich die vorliegende Arbeit näher mit dem Thema der Qualitativen Forschung. Der Fokus hierbei liegt vor allem auf dem Bereich der Leitfadeninterviews und der Qualitativen Inhaltsanalyse nach Mayring.

Dafür wird wie folgt vorgegangen: Im Punkt 2 wird die Qualitative Forschung im Überblick dargestellt und von der Quantitativen Forschung abgegrenzt. Anschließend wird der qualitative Ansatz gezielter betrachtet und die Bedeutung der Qualitativen Forschung für die Organisationsentwicklung herausgearbeitet. Punkt 3 der Arbeit beschäftigt sich aufbauend mit dem Thema des Leitfadeninterviews als Instrument der qualitativen Datenerhebung. Hierfür wird der Begriff des Interviews zunächst erläutert und Leitfadeninterviews als Sonderform mit seinen Vor- und Nachteilen dargestellt. Neben der Vorstellung typischer Charakteristika erfolgen Hinweise zur Erstellung und Durchführung. Zur Auswertung der erhobenen Daten wird im Abschnitt 4 die Herangehensweise nach Mayring dargelegt. Dafür wird der Begriff der Qualitativen Inhaltsanalyse definiert sowie Eigenschaften und Zielsetzungen erarbeitet. Weiterhin werden typische Techniken der Qualitativen Inhaltsanalyse vorgestellt. Der Punkt 5 verweist - bezugnehmend auf die vorgestellte Qualitative Inhaltsanalyse – nochmals explizit auf die Gütekriterien. Zu diesem Zweck werden zuerst die Bedeutung der klassischen Gütekriterien Objektivität, Reliabilität und Validität erfasst und anschließend ergänzend spezielle inhaltsanalytische Gütekriterien aufgezeigt. Den Abschluss der Arbeit bilden eine Zusammenfassung sowie eine kritische Würdigung der Thematik.

2 Die Qualitative Forschung im Überblick

Im Folgenden sollen Unterschiede der Quantitativen und Qualitativen Forschung gegenübergestellt werden. Nach den Begriffsbestimmungen wird im nächsten Schritt insbesondere die Bedeutung der Qualitativen Forschung für die Organisationsentwicklung näher untersucht.

2.1 Quantitative versus Qualitative Forschung

Bei der Qualitativen Forschung handelt es sich um eine weniger klar definierte wissenschaftliche Methode, als vielmehr ein Oberbegriff für diverse Führungsstile und Führungsverfahren (Ridder/ Hoon, 2009, S. 93; nach Kaune, 2010, S. 136), die auf einem geistes- und kulturwissenschaftlichen Forschungsverständnis beruhen. Bei der Qualitativen Forschung geht es darum, Erleben und Verhalten durch Verstehen und Interpretieren verstehbar zu machen. Zudem wird versucht Erfahrungen zu verbalisieren und interpretativ auszuwerten. Die Wahrnehmung des Forschers gegenüber dem Forschungsgegenstand ist dabei sehr subjektiv geprägt. (Seel, 2004) Typische Datenerhebungsmethoden der Qualitativen Forschung sind Interviews und Befragungen, wobei auf Interviews und speziell dem Leitfadeninterview an späterer Stelle gesondert eingegangen werden soll. Ein weiteres typisches Merkmal der Qualitativen Forschung ist die induktive und explorative Herangehensweise. Das heißt: Nicht bereits bestehende Annahmen werden geprüft (deduktive Vorgehensweise), sondern neue Theorien und Hypothesen generiert. (Heteren-Frese/ Kaune, 2010) Vorteil der Qualitativen Forschung ist es, dass durch die Datenerhebungs und Datenauswertungsmethoden eine flexible Anpassung an den Forschungsprozess ermöglicht wird (Flick u.a., 2004, S. 24f; nach Kaune, 2010, S. 136).

Qualitatives Forschen kann insgesamt verstanden werden als „der Versuch herauszufinden, wie Menschen einen Sachverhalt sehen, welche individuelle Bedeutung er für sie hat und welche Handlungsmotive in diesem Zusammenhang auftreten. Daraus werden Theorien konstruiert und Folgerungen für die Praxis gezogen.“ (Seel, 2004)

Im Gegensatz dazu steht die **Quantitative Forschung**, die einem insbesondere naturwissenschaftlichen Forschungsverständnis obliegt. Wird bei der Qualitativen Forschung versucht Erleben und Verhalten zu verstehen und zu interpretieren, ist die Quantitative

Forschung charakterisiert von empirischen Untersuchungen zu Erleben und Verhalten mittels systematisch entwickelten Methoden (in repräsentativen Stichproben). Ausgangspunkt ist dabei die objektiv bestehende und erfassbare Wirklichkeit und nicht mehr die subjektive Wahrnehmung. (Seel, 2004) Typische Datenerhebungsmethoden der Quantitativen Forschung sind Beobachtungen, Befragungen, Urteile und Interviews. Die Datenauswertung erfolgt - anders als bei der Qualitativen Forschung - deduktiv. (Brüsemeister, 2008, S. 19)

Letztlich kann die Quantitative Forschung folgendermaßen definiert werden: Die „**Quantitative empirische Forschung** beabsichtigt, soziale und psychische Phänomene genau zu definieren, sie möglichst objektiv zu „messen" und anhand dieses Datenmaterials Hypothesen zu überprüfen." (Mayr, o.J.; nach Seel, 2004)

Grundsätzlich unterscheiden sich die Ansätze hinsichtlich der Frage, welche Formen von Erfahrung als methodisch kontrollierbar angesehen werden und im Grad der Standardisierung. Weiteres Unterscheidungsmerkmal ist die Rolle des Forschenden (Flick u.a., 2004, S. 24f; nach Kaune, 2010, S. 136).

Für welchen der beiden Forschungsansätze man sich letztlich entscheidet hängt von dem Untersuchungsgegenstand ab, sowie von den Fragen der Zielsetzung. Eine Abgrenzung zwischen den Forschungsansätzen ist in der Praxis zudem kaum möglich, vielmehr werden der qualitative und quantitative Ansatz häufig miteinander kombiniert. (Hollenstein/ Ullrich, 2003, S. 29) So kann beispielsweise der qualitative Ansatz zur Hypothesengenerierung genutzt werden, um darauf aufbauend den quantitativen Ansatz zur Überprüfung der aufgestellten Thesen anzuwenden.

2.2 Bedeutung der Qualitativen Forschung in der Organisationsentwicklung

In der Organisationsentwicklung findet die Qualitative Forschung insbesondere bei der Durchführung von Evaluationen ihre Anwendung. Unter dem Begriff der Evaluation versteht man die „Überprüfung der Wirksamkeit einer Intervention […] mit dem Mitteln der empirischen Forschung." (Joint Committee on Standards for Educational Evalatuations/ Sanders, 1999; nach Kaune, 2010, S. 138).

Damit Maßnahmen der Organisationsentwicklung erfolgreich umgesetzt werden können, ist es notwendig die Bedürfnisse der Mitarbeiter einzubeziehen. Dazu gehören unter anderem deren Einstellungen, Verhaltensweisen und Wünsche. Werden diese ignoriert, kann dies zu fehlender Motivation und gegebenenfalls zu Widerständen im Unternehmen führen. Die Gründe für den Widerstand können dabei auf verschiedenen Aspekten beruhen. Häufige Ursachen sind zum Beispiel Angst, Unwissen oder Vorurteile, die Veränderungsprozesse in einer Unternehmung behindern können. Zur Unterstützung von Organisationsentwicklungsmaßnahmen werden in der Praxis Evaluationen eingesetzt. (Kardoff, 2004; nach Kaune, 2010, S. 138) Diese sollten nach Möglichkeit sowohl die Hard- als auch Softfacts einbeziehen. Aufgrund der subjektiven und individualen Einbeziehung verschiedener Faktoren, erscheint vor allem der Einsatz qualitativer Einsatzmethoden im Evaluationsprozess an dieser Stelle sinnvoll. (Mayring, 2002; nach Kaune, 2010, S. 138)

Nach Kardoff (2004, S. 245) gibt es verschiedene Prinzipien der qualitativen Evaluationsforschung: So wird unter anderem davon ausgegangen, dass nur Beobachtungszeitpunkte, nicht aber im Voraus festgelegte Messwerte, relevant sind. Beobachtet werden hierfür zum Beispiel Widerstände, kritische Momente oder Wendepunkte. Weiterhin werden Begründungen und Handlungsweisen rekonstruiert und nicht auf reaktives Verhalten zurückgeführt. Eine weitere Annahme beruht darauf, dass es sich in der Evaluationsforschung um eine prozessorientierte statt um eine ergebnisorientierte Vorgehensweise handelt. Dies bedeutet insbesondere, dass Dynamiken in den Prozessen – vor allem bei denen, die innovativ sind – einbezogen werden. Besonderes Merkmal der qualitativen Evaluationsforschung ist zudem die spezifische Herangehensweise. Anstatt eine Verallgemeinerung eines Sachverhalts vorzunehmen, geht es in Evaluationen darum subjektive und individuelle Aspekte in die Betrachtung einzubeziehen. Unterstützend wirkt dabei das kommunikative Aushandeln von zielgeleiteten Erfolgskriterien.

3 Das Leitfadeninterview als Mittel der qualitativen Datenerhebung

Im Folgenden soll das Leitfadeninterview als ein Instrument der qualitativen Datenerhebung näher betrachtet werden. Hierfür soll der Begriff des „Interviews" definiert werden und darauf aufbauend im Überblick dargestellt werden. Im nächsten Schritt wird dann das Leitfadeninterview charakterisiert sowie auf Aspekte zur Erstellung und Durchführung solch eines Interviews verwiesen.

3.1 Interviews im Überblick

Laut Scheuch (o.J.; nach Heteren-Frese/ Kaune, 2010) lässt sich der Begriff des Interviews wie folgt definieren: „Ein Interview ist ein planmäßiges Vorgehen mit wissenschaftlicher Zielsetzung, bei dem die Versuchsperson durch eine Reihe gezielter Fragen oder mitgeteilter Stimuli zu verbalen Reaktionen veranlasst werden soll."

Grundsätzlich kann man Interviews nach ihrem Strukturierungsgrad unterscheiden (Weyer, S., o.J.):

Standardisierte Interviews sind dadurch charakterisiert, dass die Art der Formulierung der Fragen, die Reihenfolge der Fragen, das Interviewverhalten und die Antwortmöglichkeiten genau festgelegt sind. Diese Interviewform hat einerseits den Vorteil, dass sich mehrere Interviews relativ schnell und leicht miteinander vergleichen lassen. Andererseits bieten standardisierte Interviews keinen Raum für Flexibilität, wodurch wichtige und interessante Aspekte verloren gehen können. (Stangl, o.J.)

Das Gegenstück zum standardisierten Interview ist das *offene (unstrukturierte) Interview*. Hier ist der Interviewer völlig frei in der Gestaltung der Fragen, Formulierungen, der Reihenfolge der Fragen etc. und dem Befragten ist es möglich sich völlig frei zu einem Sachverhalt zu äußern (Dell/ Korotkaja, 2006, S. 6). Durch die hohe Flexibilität kann das offene Interview sehr in die Tiefe gehen, weshalb das offene Interview in der Literatur auch als Tiefeninterview bezeichnet wird. Vorteil dieser Interviewform ist es, dass sehr viele Informationen gewonnen werden. Die Vergleichbarkeit ist aufgrund der Komplexität aber aufwendig und teilweise nur schwer durchführbar. (Stangl, o.J.)

Eine Mischform des standardisierten und offenen Interviews bildet *das halbstrukturierte Interview*, das sich eines Fragenkatalogs oder Gesprächsleitfaden bedient (Raber/ Temmel, 2005, S. 1). Zu den halbstrukturierten Interviews - die sich der qualitativen Sozialforschung zuordnen lassen - zählen unter anderem Leitfadeninterviews (Heteren-Frese/ Kaune, 2010), die im weiteren Verlauf der Arbeit näher vorgestellt werden sollen.

Die nachstehende Tabelle zeigt die von Mayring beschriebenen Interviewformen noch einmal im Überblick (Mayring, P. in Seel, A., 2004):

Interviewform	**Charakteristik**	**Vorteil/ Nachteil**
Offenes Interview	• Freies Antworten • Freies Formulieren	• Viele Informationen • Schlechte Vergleichbarkeit
Halbstrukturiertes Interview	• Kein starrer Fragenkatalog • Fragen und Themen werden je nach Interviewsituation frei formuliert	• Mehr Raum für eigene Formulierungen • Weniger Vergleichbarkeit
Standardisiertes Interview	• Formulierung, Reihenfolge der Fragen, Antworten vorgegeben	• Viele Daten können in kurzer Zeit erhoben werden • Zusatzinformationen gehen verloren

Abb. 1: Interviewformen im Überblick (eigene Darstellung, 2011)

Neben der Struktur lassen sich Interviews darin unterscheiden, auf welche Art und Weise das Interview durchgeführt wird. Bei Face-to-Face Interviews wird eine Person direkt und persönlich von einer anderen Person, also vom Interviewer, befragt. Bei telefonischen Interviews erfolgt die Befragung am Telefon und bei Paper and Pencil Interviews mittels eines vorbereiteten und ausgedruckten Fragebogens. Immer mehr verbreitet sind zudem Online-Interviews, die auf Unternehmensseiten im Internet positioniert werden oder im Auftrag von Marktforschungsinstituten durchgeführt werden. Weitere Formen sind das CAPI- Interview und das CATI. Als CAPI-Interviews bezeichnet man Interviews, bei denen die Befragung nicht mit Hilfe eines ausgedruckten Fragebogens, sondern am Computer erfolgt. Bei CATIs handelt es sich um eine telefonische Befragung, bei der zur Auswahl der Probanden und zur Durchführung des Interviews Computer zur Unterstützung herangezogen werden. (SDI-Research, o.J.)

Weit verbreitete qualitative Datenerhebungsmethoden sind qualitative Einzelbefragungen, Gruppenbefragungen/ Gruppendiskussionen, Feldforschungsmethoden und nicht reaktive Verfahren. Das Leitfadeninterview, das Hauptbestandteil der vorliegenden Hausarbeit ist, lässt sich hierbei den qualitativen Einzelbefragungen zuordnen. Weitere, recht typische Interviewformen und Methoden der qualitativen Einzelbefragungen, auf die an dieser Stelle jedoch nicht weiter eingegangen werden soll, sind beispielsweise Tiefeninterviews, narrative Interviews, Oral History oder das laute Denken. (Seel, 2004; Bartnick u.a, 2008)

3.2 Das Leitfadeninterview im Überblick

Zunächst soll auf den Begriff des Leitfadeninterviews näher eingegangen werden:
Bei einem Leitfadeninterview handelt es sich um eine offene, halbstrukturierte, mündliche Befragung, die mit Hilfe eines Leitfadens geführt wird (Breckle u.a., 2007). Der Leitfaden wird dabei auf Basis einer Voranalyse erstellt und vom Interviewer während des Interviews als „Checkliste“ genutzt (Schmidt, 2006a). Zudem dient der Leitfaden als Hilfsmittel für die Datenerhebung, gerade für komplexe Themen (Seel, A., 2004). Typisch für ein Leitfadeninterview ist es, dass die Reihenfolge der Fragen und genaue Formulierungen freigestellt sind (Raber /Temmel, 2005, S. 2). Deshalb werden im Rahmen eines solchen Interviews zumeist offene, nicht-standardisierte Fragen verwendet, um die Interviewthematik einzugrenzen und Themenbereiche vorzugeben (Mayer, 2008, S. 37). Zudem gibt es keine vorgeschriebenen Antwortkategorien, da den Befragten die Möglichkeit gegeben werden soll, mit eigenen Worten von ihren Erfahrungen berichten zu können (Raber/ Temmel, 2005, S. 3).

Generell können drei Formen des Leitfadeninterviews unterschieden werden:

- Vorformulierte Fragen und eine festgelegte Reihenfolge dienen als Muster
- Vorformulierte Fragen und keine festgelegte Reihenfolge
- Vorgegebene Themenbereiche, ansonsten offen, Gesprächsanregung
  (Breckle u.a., 2007)

Mit der Verwendung eines Leitfadeninterviews wird ein offenes und flexibles Verfahren angewandt, dass authentische Aussagen zulässt. Des Weiteren ermöglichen Leitfadeninterviews eine intensive Beschäftigung mit einer Thematik, da nicht strikt an vorgegebenen Strukturen und Fragen festgehalten wird, sondern Nachfragen jederzeit möglich ist.

Der Vorteil, der sich daraus ergibt ist, dass auch die subjektiven Betrachtungsweisen des Befragten in die Betrachtungen mit einbezogen werden können. (Breckle, H. u.a., 2007) Durch die Strukturierung des Interviews und der Orientierung am Leitfaden ist weiterhin eine relativ einfache Vergleichbarkeit mehrerer Interviews möglich.

Hinsichtlich der Kosten und des Zeitfaktors ist die Durchführung eines Leitfadeninterviews jedoch relativ aufwendig. So sind beispielsweise viele Interviewpartner notwendig, wenn man viele Sichtweisen erfassen möchte. Ein weiterer Nachteil des Interviews ergibt sich in der Beeinflussbarkeit. Durch gezielte Fragetechniken und Nachfragen besteht die Gefahr die Antworten des Befragten in eine bestimmte und gewollte Richtung zu beeinflussen. Weiterhin besteht bei Anwendung eines Leitfadeninterviews die Gefahr eines Frage-Antwort-Spiels, bei dem sich der oder die Befragte unwohl fühlen kann. (Breckle u.a., 2007)

3.3 Erstellung und Durchführung von Leitfadeninterviews

Im Folgenden soll nun die Erstellung, Durchführung und Nachbereitung eines Leitfadeninterviews näher untersucht werden. Um sich einen Überblick über den Prozess zu verschaffen, verdeutlicht die nachstehende Abbildung den Ablauf eines Leitfadeninterviews von der Vorbereitung über die eigentliche Durchführung des Interviews bis hin zur Archivierung des vorhandenen Datenmaterials:

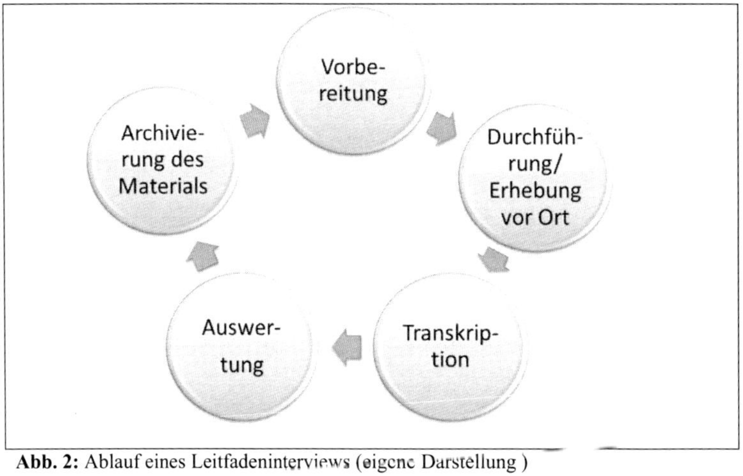

Abb. 2: Ablauf eines Leitfadeninterviews (eigene Darstellung)

Vorbereitungsphase:

Die Vorbereitungsphase gliedert sich zum einen in einen organisatorischen und zum anderen in einen inhaltlichen Teil. Zu den organisatorischen Überlegungen gehören zum Beispiel Fragen wie: Wann und wo soll das Interview stattfinden?
Wer soll interviewt werden? Zu welchem Zweck soll das Interview stattfinden?
Wer moderiert und dokumentiert? Sind die technischen Voraussetzungen erfüllt?
(Heteren-Frese/ Kaune, 2010)

Die inhaltlichen Überlegungen beziehen sich hingegen auf Fragen dieser Art:
Welche Zielsetzung wird mit dem Interview verfolgt? Was möchte ich erfahren? Welche Fragen muss ich dafür stellen? Wie kann die zentrale Forschungsfrage zerlegt werden? Kann der Interviewte eigene Sichtweisen einbringen?
Vermittelt Interview das Gefühl eines Tests, Verhörs, etc.? Welche Nachfragestrategien kann ich anwenden?

Der wichtigste Punkt vor der Durchführung eines Leitfadeninterviews ist die Erstellung eines geeigneten Leitfadens. Die Gestaltung erfolgt dabei in sechs Schritten, die in der folgenden Grafik abgebildet werden:

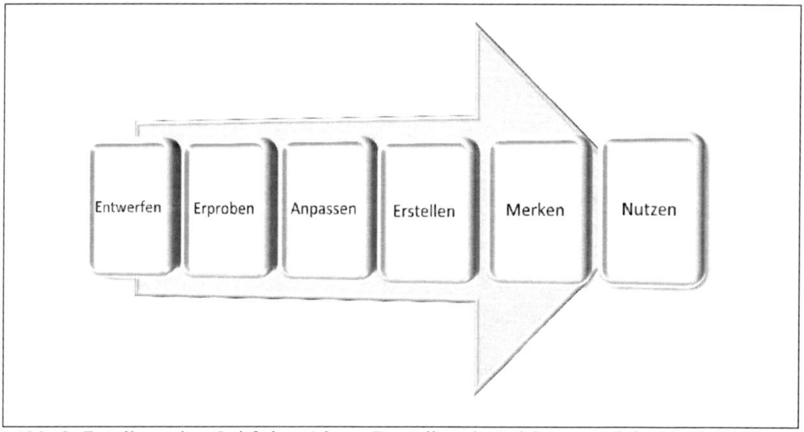

Abb. 3: Erstellung eines Leitfadens (eigene Darstellung in Anlehnung an Schmidt, C., 2006)

Im ersten Schritt muss der Leitfaden entworfen werden. Dabei muss beachtet werden, dass die Fragen so konzipiert sind, dass sie einerseits dem Forschungszweck genügen und andererseits dem Befragten ausreichend Raum für eigene und freie Bemerkungen bieten.[1] Es ist insbesondere darauf zu achten, dass die Fragen in sinnvoller Reihenfolge angeordnet sind, dass die Themenwahl passend zum Interviewpartner gewählt wurde und nicht zu viele Fragen enthalten sind. Weiterhin sollten die Fragen unmissverständlich gestellt werden. Nach dem Entwerfen des Leitfadens muss geprüft werden, ob er diesen Anforderungen entspricht. Dies kann zum Beispiel über einen Testlauf erfolgen. Werden in der Probe Mängel bzw. Verbesserungspotentiale sichtbar, ist es erforderlich den Leitfaden nochmals anzupassen. In der nächsten Stufe kann dann die vollständige Erstellung des Leitfadens erfolgen. Ist der Leitfaden erstellt, sind die Fähigkeiten des Interviewers gefragt. Dieser sollte sich den Leitfaden nun merken und in der Durchführung für sich nutzen. (Schmidt, 2006)

Helfferich (2011, S. 35) empfiehlt zur Erstellung eines Leitfadeninterviews das SPSS-Prinzip:

S...**S**ammeln sehr vieler Fragen durch Brainstorming
P...**P**rüfung der Fragen zwecks Geeignetheit. Ungeeignete Fragen werden gestrichen
S...**S**ortieren der übrig gebliebenen Fragen nach Themengebieten
S...**S**ubsumierung der Fragen in einem Leitfaden

Durchführung:

Die Durchführung gliedert sich in drei Teile: Die Warm-up-Phase, die eigentliche Durchführung und in die Abschlussphase. Die Warm-up-Phase beginnt mit einer Einstiegsfrage, die das zentrale Problem des Interviews tangiert (Reinders, 2005, nach Kaune, 2010, S. 142). Des Weiteren wird der oder die Befragte über die Zielsetzung, die Methodik und die Rahmenbedingungen des Interviews aufgeklärt. Zudem wird an dieser Stelle auf den vertraulichen Umgang mit den Daten hingewiesen. (Schmidt, 2006) Zu Beginn eines Leitfadeninterviews steht zudem oftmals eine strukturierte Erfassung der soziodemografischen Daten (Erzbistum Paderborn, o.J.). Nach dem Einstieg beginnt die eigentliche Durchführung des Leitfadeninterviews. In diesem Teil spricht der Interviewer alle nötigen Themen an, die zur Beantwortung der zentralen Fragestellung erforderlich sind und stellt dazugehörige Fragen. Zur besseren Strukturierung des Interviews orientiert sich der Interviewer an dem erstellten Leitfaden, den er nach Möglichkeit verinnerlicht hat. Der Befragte kann sich daraufhin frei äußern.

[1] Ein Beispiel-Leitfaden befindet sich im Anhang dieser Hausarbeit

Im Schlussteil des Leitfadeninterviews sollten dann eine Vertiefung der Thematik und weitere Ergänzungen möglich sein. An dieser Stelle können zum Beispiel Fragen gestellt werden, die noch nicht gestellt werden konnten. Ein weiterer wichtiger Aspekt der Schlussphase ist das Feedback. Darunter fällt insbesondere den Interviewten zu fragen, wie er das Interview empfunden hat. Am Ende des Interviews erhält der Befragte Hinweise, wo er oder sie sich später über die Ergebnisse informieren kann. (Schmidt, 2006)

Während der Durchführung des Leitfadeninterviews sollte der Interviewer stets Interesse an den Äußerungen des Befragten zeigen und ihm zuhören, um ihn dazu zu motivieren sich zu dem angestrebten Thema zu äußern. Dafür kann der Interviewer vertieft nachfragen, um so viele Informationen wie möglich zu bekommen. Dabei ist es ratsam unterschiedliche Fragetechniken einzusetzen und den Leitfaden flexibel einzusetzen. Zentraler Aspekt für den Interviewer ist damit eine ständige Vermittlung zwischen Leitfaden und Verlauf des Interviews. (Heteren-Frese/ Kaune, 2010)

Transkription:

Direkt im Anschluss des Interviews werden die Daten transkribiert. Unter Transkription versteht man die Verschriftlichung menschlicher Kommunikation. Das bedeutet, dass das was im Interview gesprochen wurde, aufgeschrieben wird. Zudem können bei einer Transkription auch Dinge, wie z.B. die Betonung von Wörtern, Sprechpausen oder Sprechgeschwindigkeit erfasst werden. Einen allgemeingültigen Transkriptionsstandard gibt es dafür allerdings nicht. Die Transkriptionsregeln hängen von der Fragestellung und der Auswertungsmethode ab, sollten vorher jedoch genau geklärt, dokumentiert und begründet werden. (Kuckartz, 2007; nach Kaune, 2010, S. 144) Es werden für die Transkription nur Daten aufgenommen, die für die spätere Auswertung relevant sind (Kowal/ O'Conell, 2004; nach Kaune, 2010; S. 144).

4 Die Qualitative Inhaltsanalyse nach Mayring

Auswertung:
Die Auswertung der transkribierten Werte kann zum Beispiel über die Qualitative Inhaltsanalyse nach Mayring erfolgen. Diese soll nun näher erläutert werden. Hierbei werden, nach der Begriffsklärung, typische Eigenschaften sowie die Zielstellungen der Qualitativen Inhaltsanalyse herausgearbeitet und spezielle Techniken gesondert betrachtet.

4.1 Die Qualitativen Inhaltsanalyse: Begriff und Zielsetzungen

Ziel der Inhaltsanalyse ist es, aus einer Kommunikation stammendes Material zu analysieren. Hierbei geht es jedoch nicht nur um die reine Betrachtung des Inhaltes, sondern auch um formale Aspekte. Zu diesen Formalien zählen beispielsweise Wort- oder Satzkorrekturen, unvollständige Sätze oder Wiederholungen bestimmter Wörter (Mahl, 1959 in Mayring, 2010, S. 11). Die Kommunikation bzw. die Übertragung von Symbolen ist der zentrale Punkt der Inhaltsanalyse. Zur Kommunikation gehört insbesondere die Sprache, wobei auch Bilder, Musik etc. im Rahmen der Qualitativen Inhaltsanalyse näher betrachtet werden können. (Mayring, 1995, S. 209) Zur Analyse der Kommunikation liegt diese verschriftlicht – zum Beispiel in Form eines Protokolls – vor. Bei der Analyse selbst wird systematisch vorgegangen. Dies zeigt sich insbesondere darin, dass sich die Qualitative Inhaltsanalyse an klaren Regeln orientiert. Damit wird es auch unabhängigen Dritten ermöglicht die Analyse nachzuvollziehen, zu verstehen und zu prüfen. Ein weiterer Aspekt der systematischen Herangehensweise zeigt sich zudem an der Orientierung an Theorien. In der Qualitativen Inhaltsanalyse wird das vorhandene Material unter einer theoretischen Fragestellung analysiert. Dies meint zum einen, eine Interpretation der Ergebnisse unter Einbeziehung eines Theoriehintergrunds, und zum anderen die Verknüpfung einzelner Analyseschritte an theoretische Überlegungen. Die Inhaltsanalyse ist eine schlussfolgernde Methode, die als Teil eines Kommunikationsprozesses zu verstehen ist. Mithilfe der Analyse des vorhandenen Materials sollen Rückschlüsse auf gewisse Aspekte in der Kommunikation gezogen werden. Die Aspekte beziehen sich dabei insbesondere auf Aussagen über den Sender einer Nachricht und deren Wirkungen auf den Empfänger der Informationen. (Mayring, 2000, S. 12)

In Anlehnung an Mayring (2010, S. 13) handelt es sich bei der **Qualitativen Inhaltsanalyse** damit um:

Eine systematische, regelgeleitete, theoriegestützte Vorgehensweise, bei der verschriftlichtes Material aus einer stattgefundenen Kommunikation analysiert wird, um daraus weitere Rückschlüsse auf diverse Aspekte der Kommunikation ziehen zu können.

4.2 Techniken der Qualitativen Inhaltsanalyse

Wie bereits erwähnt, werden die Herangehensweisen der Quantitativen und Qualitativen Forschung in der Praxis häufig miteinander kombiniert. Ansatz der Qualitativen Inhaltsanalyse ist es daher die Stärken der quantitativen Inhaltsanalyse beizubehalten und darauf aufbauend qualitativ orientierte Textanalysen zu entwickeln. Mayring (2010, S. 48ff) erläutert – neben den bereits aufgeführten Merkmalen der systematischen, regel- und theoriegeleiteten Vorgehensweise – die wesentlichen Gesichtspunkte der Qualitativen Inhaltsanalyse wie folgt:

Einbettung des Materials in den Kommunikationszusammenhang:

Das Material wird stets in seinem Zusammenhang zur Kommunikation verstanden und bezüglich seiner Entstehung und Wirkung untersucht. Interpreten müssen für ihre Schlussfolgerungen angeben, auf welchen Teil der Kommunikation sie sich beziehen. (Mayring, 2010, S. 48)

Kategorien im Zentrum der Analyse:

Das Kategoriensystem ist ein essentielles Instrument der Inhaltsanalyse. Ziel der Analyse ist die Konkretisierung verschiedener Kategorien, die begründet werden müssen. (Mayring, 2010, S. 48f)

Gegenstandsbezug statt Technik:

Die Vorgehensweise der Qualitativen Inhaltsanalyse soll nicht als allgemeingültige Technik verstanden werden, die beliebig auf alle möglichen Sachverhalte einsetzbar ist. Vielmehr ist die Zielsetzung, die Analyse immer wieder an den konkret vorhandenen Gegenstand anzupassen. (Mayring, 2010, S. 50)

<u>*Einbezug quantitativer Analyseschritte:*</u>

Quantitative und qualitative Analyseschritte sollen sinnvoll miteinander verknüpft und ergänzt werden. Der quantitative Ansatz empfiehlt sich dabei insbesondere, wenn es um eine verallgemeinernde Betrachtung der Analyseergebnisse geht. In der Praxis findet sich die Symbiose zwischen quantitativen und qualitativen Ansätzen zum Beispiel in der Anwendung von Computerprogrammen. (Mayring, 2010, S. 51)

<u>*Gütekriterien:*</u>

Die Qualitative Inhaltsanalyse orientiert sich an festgelegten Gütekriterien. (Mayring, 2010, S. 51). Diese werden im Abschnitt 5 der vorliegenden Arbeit betrachtet.

4.3 Spezielle Techniken der Qualitativen Inhaltsanalyse

Zur Auswertung der transkribierten Daten setzt Mayring einen Interpretationsakt voraus. Mayring unterscheidet dabei drei Arten der Interpretation: Zusammenfassung, Explikation und Strukturierung. Hierbei handelt es sich um drei unabhängige Techniken der Analyse. Die Wahl der Analysetechnik ist anhängig vom zu untersuchenden Material und dem Forschungsgegenstand. Die Analysetechniken werden von Mayring (2010, S. 65) wie folgt beschreiben:

<u>*Zusammenfassung:*</u>

„Ziel der Analyse ist es, das Material so zu reduzieren, dass die wesentlichen Inhalte erhalten bleiben, durch Abstraktion einen überschaubaren Corpus zu schaffen, der immer noch Abbild des Grundmaterials ist.“ (Mayring, 2010, S. 65)

<u>*Explikation:*</u>

Zu uneindeutigen Textstellen werden zusätzliche Informationen herangetragen und dann erläutert, erklärt und gedeutet. (Mayring, 2010, S. 65)

<u>*Strukturierung:*</u>

Bestimmte Aspekte aus dem Material werden herausgefiltert und unter festgelegten Kriterien ein Querschnitt durch das Material gezogen. Anschließend wird das Material anhand festgelegter Kriterien eingeschätzt. Die Strukturierung kann dabei formaler, inhaltlicher, typisierender oder skalierender Natur sein (Mayring, 2010, S. 65f).

5 Gütekriterien der Inhaltsanalyse

An dieser Stelle wird nun die Bedeutung klassischer Gütekriterien erarbeitet und zur Ergänzung speziell inhaltsanalytische Gütekriterien vorgestellt. Gütekriterien verfolgen den Zweck die Wissenschaftlichkeit in der empirischen Forschung, insbesondere in der Anwendung von Methoden und Techniken, zu sichern. Damit gelten Gütekriterien vor allem als Orientierung an Zielvorgaben. (Lammek, 2005; nach Kaune, 2010, S. 148)

5.1 Klassische Gütekriterien

Entscheidende Aspekte für repräsentative Aussagen sind die Gütekriterien Reliabilität, Validität und Objektivität (Bredner, o.J.). Diese sollen nun kurz erwähnt werden.

Objektivität besteht dann, wenn mehrere, unabhängige Interviewer mithilfe des gleichen Instruments, zu selben Ergebnissen kommen. Unter Objektivität versteht man somit die Unabhängigkeit der ermittelten Befunde. Sowohl die Durchführung als auch die Auswertung eines Tests müssen der Objektivität unterliegen. Die *Reliabilität* gibt an, wie zuverlässig und genau ein Test misst. Das heißt: Wird ein Instrument wiederholt angewendet, sollten stets dieselben Ergebnisse erzielt werden. (Häder, 2010, S. 108f). Bei der *Validität* wird der Frage nachgegangen, ob der Test das misst, was er auch messen soll (Friedrichs, J., 1973, S. 100 in Mayring, P., 2010, S. 116).

5.2 Inhaltsanalytische Gütekriterien

In der Qualitativen Forschung werden sechs Gütekriterien unterschieden (Mayring, P., 2002; nach Kaune, 2010, S. 148f):

Verfahrensdokumentation:

Nach Mayring ist es von Nöten die Vorgehensweis einer qualitativen Studie genau und dezidiert zu dokumentieren. Vorteil der Dokumentation ist es, dass auch unabhängige Dritte den Prozess nachvollziehen können.

Argumentative Interpretationsabsicherung:

Interpretationen müssen stets begründet werden, da sie subjektiv und damit nicht beweisbar sind. Laut Mayring kann die Interpretation mittels drei Kriterien abgesichert werden:

- Die Interpretation muss in sich stimmig sein
- Alternative Deutungen müssen in Betracht gezogen werden. Insbesondere die Widerlegung negativ wirkender Aspekte erweckt einen vertrauenswürdigen Eindruck
- Deutungen sollen an theoretische Vorkenntnisse gelehnt werden (Mayring, 2002; nach Kaune, 2010, S. 148)

Regelgeleitetheit:

Unter dem Aspekt der Regelgeleitetheit verweist Mayring auf die Notwendigkeit einer systematischen Herangehensweise, die sich an festen Regeln orientiert und nur so dem Forschungszweck entsprechen kann. (Mayring, 2002; nach Kaune, 2010, S. 148)

Kommunikative Validierung:

Im Anschluss der Befragung bzw. nach Auswertung der Ergebnisse sollten den Probanden die Resultate der Studie vorgestellt und mit ihnen gemeinsam betrachtet werden. (Mayring, 2002; nach Kaune, 2010, S. 149)

Nähe zum Gegenstand:

Mayring empfiehlt die Interessen des Forschers und des Probanden in Einklang zu bringen. Diese Notwendigkeit resultiert insbesondere aus der subjektiven Betrachtungsweise der Qualitativen Forschung, die ein „Aufeinander-Eingehen“ verlangt. Zudem sollte ein Bezug zum alltäglichen Leben eines Probanden hergestellt werden. (Mayring, 2002; nach Kaune, 2010, S. 149)

Triangulation:

Ergebnisse sollten anhand verschiedener Analysen generiert werden. Damit können diverse Lösungsansätze gefunden und Ergebnisse miteinander verglichen werden. Hierfür ist zum Beispiel ein Abgleich quantitativer und qualitativer Methoden, als auch die Verwendung diverser Methoden, Quellen, Theorien etc. denkbar. (Mayring, 2002; nach Kaune, 2010, S. 149)

6 Zusammenfassung und kritische Würdigung

„Qualitatives Forschen ist der Versuch herauszufinden, wie Menschen einen Sachverhalt sehen, welche individuelle Bedeutung er für sie hat und welche Handlungsmotive in diesem Zusammenhang auftreten. Daraus werden Theorien konstruiert und Folgerungen für die Praxis gezogen.“ (Seel, 2004) Dabei handelt es sich bei der Qualitativen Forschung vielmehr als ein Oberbegriff für verschiedene Führungsstile und -verfahren, als um eine klar definierte wissenschaftliche Methode. Typische Charakteristika der Qualitativen Forschung, sind u.a. eine subjektive Wahrnehmung, eine induktive/ explorative Herangehensweise und eine Verbalisierung von Erfahrungen. Zudem werden Erleben und Verhalten durch Verstehen und Interpretation bestimmbar gemacht.

Besondere Bedeutung hat die Qualitative Forschung für die Organisationsentwicklung für den Bereich der Evaluationen. Evaluationen werden insbesondere zur Unterstützung von Veränderungsprozessen eingesetzt und sollten nach Möglichkeit die Betrachtungsweisen der Mitarbeiter berücksichtigen. Organisationsentwicklungsmaßnahmen beinhalten dementsprechend sowohl die Einbeziehung von Hard- als auch Softfacts. Eine Einbindung qualitativer Methoden scheint als Ergänzung quantitativer Forschungsmethoden sinnvoll. Bei der Evaluationsforschung handelt es sich insgesamt um eine ergebnisorientierte und spezifische Herangehensweise, die vorhandene Dynamiken und subjektive Betrachtungsweisen einbezieht. Laut Kardoff (2004, S. 245) sind in der Evaluationsforschung dabei nur die Beobachtungszeitpunkte relevant.

Ein typisches Instrument der qualitativen Datenerhebung sind Interviews, die sich je nach Strukturierungsgrad, in standardisiert, offen und halbstrukturiert kategorisieren lassen. Eine spezielle Form des Interviews sind Leitfadeninterviews. Bei einem Leitfadeninterview handelt es sich um eine offene, halbstrukturierte, mündliche Befragung, die mit Hilfe eines Leitfadens geführt wird. Der Ablauf eines Leitfadeninterviews kann in den Schritten Vorbereitung – Durchführung – Transkription – Auswertung – Archivierung erfolgen. Nach Ansicht der Autorin sollte dabei der Vorbereitung besondere Beachtung geschenkt werden, da diese die Erstellung des Leitfadens beinhaltet. Ein gut durchdachter Leitfaden kann als Orientierung und Checkliste dienen, was insbesondere bei längeren Befragungen sinnvoll erscheint. Vorteil des Leitfadeninterview ist zudem die Vergleichbarkeit mehrerer Befragungen, Nachteil hingegen der relativ hoher Zeit- und Kostenaufwand.

Zur Auswertung des Datenmaterials kann nach der Vorgehensweise der Qualitativen Inhaltsanalyse nach Mayring vorgegangen werden. Dabei handelt es sich um eine systematische, regelgeleitete, theoriegestützte Vorgehensweise, bei der verschriftlichtes Material aus einer stattgefundenen Kommunikation analysiert wird, um daraus weitere Rückschlüsse auf diverse Aspekte der Kommunikation ziehen zu können. Neben dem Inhalt einer Befragung werden auch formale Aspekte wie Wortwiederholungen, Satzbau etc. untersucht. Zur Auswertung setzt Mayring einen Interpretationsakt voraus. Unterschieden werden können dabei drei Arten der Interpretation, die unabhängig voneinander angewendet werden können: Die Zusammenfassung, die Explikation und die Strukturierung.

Um die Wissenschaftlichkeit zuzusichern, orientiert sich die Qualitative Inhaltsanalyse neben den klassischen Gütekriterien Reliabilität und Validität, an speziellen Gütekriterien. Zu den inhaltsanalytischen Gütekriterien gehören die Verfahrensdokumentation, argumentative Interpretationsabsicherung, die Regelgeleitetheit, die kommunikative Validierung, die Nähe zum Gegenstand und die Triangulation. Mit der Orientierung an festgeschriebenen Kriterien erweist sich die Qualitative Forschung (und die Qualitative Inhaltsanalyse) nach Ansicht der Verfasserin als eine zunehmend wissenschaftliche Methode, die durchaus als Ergänzung zu quantitativen Forschungsmethoden dienen kann.

Anhang

Anhang I: Beispiel Leitfadeninterview

Ausgangssituation:

Die Hochschule Harz sucht Tourismusstudenten, die geeignet sind in Spanien ein zweisemestriges Auslandsstudium zu absolvieren.

Anforderungsprofil:

Für die Tourismusstudienplätze in Spanien werden Student/innen gesucht, die nicht nur großes Interesse und besondere Fähigkeiten bzgl. ihres Studiums aufweisen sondern auch offen für neue Erfahrungen und interessiert an anderen Sprachen, Kulturen und Menschen sind. Die Studenten sollen die Hochschule Harz vor Ort repräsentieren. Dafür sind sehr gute Sprachkenntnisse in Englisch und Spanisch zwingende Voraussetzung.

Leitfadeninterview:

Frage 1: Einstiegsfrage zum warm werden (z.B. über das Wetter; Haben Sie gut hergefunden...)

Frage 2: Waren Sie schon einmal in Spanien oder einem spanisch-sprechendem Land?

- Wo
- Dauer
- Grund

Frage 3: Wie gut sprechen Sie spanisch?

- Auslandsaufenthalte
- Wo gelernt
- Kenntnisse in anderen Sprachen

Frage 4: Haben Sie bereits studienbegleitende Praktika absolviert?

- Erfahrungen
- Probleme
- Fachrichtung

Frage 5: Worin liegt Ihre Motivation nach Spanien zu gehen?

Frage 6: Wie stellen Sie sich den Kontakt nach Deutschland während des Auslandsaufenthaltes vor?

- Wie oft Besuch

Abschluss des Gesprächs

Literaturverzeichnis

Bücher:

Brüsemeister, T. (2008). Qualitative Forschung. Ein Überblick. (2. Auflage). Hagener Studientexte zur Soziologie. Wiesbaden: VS Verlag

Dell, L./ Korotkaja, O. (2006). Die Interview-Methode – Eine kritische Analyse, 1. Auflage, Norderstedt: GRIN Verlag

Häder, M. (2010). Empirische Sozialforschung: Eine Einführung. 2. Auflage, Wiesbaden: VS Verlag

Helfferich, C. (2011). Die Qualität qualitativer Daten: Manual für die Durchführung qualitativer Interviews. 4. Auflage, Wiesbaden: VS- Verlag

Kardoff, E. (2004). Qualitative Evaluationsforschung. In Flick, U./ Kardoff, v. E./ Steinke, I., Qualitative Forschung: Ein Handbuch, Reinbeck: Rowohlt

Kaune, K. (2010). Qualitative Techniken – Leitfadeninterview und Inhaltsanalyse. In: Kaune, A. (Hrsg.), Change Management mit Organisationsentwicklung (2. Auflage) (S. 134 – 152). Berlin: Erich Schmidt Verlag

Mayer, H.O. (2008). Interview und schriftliche Befragung: Entwicklung, Durchführung und Auswertung. (4. Auflage). München: Oldenbourg Wissenschaftsverlag

Mayring, P. (2000). Qualitative Inhaltsanalyse: Grundlagen und Techniken, 7. Auflage, Weinheim und Basel: BELTZ-Verlag

Mayring, P. (2008). Neuere Entwicklungen in der qualitativen Forschung und der Qualitativen Inhaltsanalyse. In Gläser-Zirkuda, M./ Mayring, P. (Hrsg.) (2008), Praxis der Qualitativen Inhaltsanalyse (2. Auflage) (S. 7-19). Weinheim und Basel: BELTZ-Verlag

Mayring, P. (1995). Analyseverfahren erhobener Daten. In Flick, U. (Hrsg.) (1995), Handbuch qualitative Sozialforschung: Grundlagen, Konzepte, Methoden und Anwendungen (2. Auflage). Weinheim: BELTZ-Verlag

Mayring, P. (2010). Qualitative Inhaltsanalyse: Grundlagen und Techniken, 11. Auflage, Weinheim und Basel: BELTZ-Verlag

Zeitschriften:

Hollenstein, B./ Ullrich, C. (2003). Einheit trotz Vielfalt? Zum konstitutiven Kern qualitativer Sozialforschung. Soziologie. 4/2003, S. 29-43

Internetquellen:

Bartnick, T., Liebender, S., Simionescu, U. (2008). Das Qualitative Interview. Verfügbar unter: http://www.psy.uni-muenchen.de/ape/Lehrmaterialien/Lindemann/SoSe-08/mainColumnParagraphs/015/document/Handuot_Interview1.pdf (Zugriff: 14.04.2011)

Breckle, H., Klatta, E., Megede, M., Ney, N. (2007). Leitfadeninterview am Beispiel des Experteninterviews. Verfügbar unter: http://www.uni-frankfurt.de/fb/fb04/personen /weyerss/SoSe07_MeS/Handout_Leitfadeninterview_ netz.pdf (Zugriff: 06.04.2011)

Bredner, B. (o.J.). Relaibilität, Validität und Objektivität. Verfügbar unter: http://www.bb-sbl.de/tutorial/stichproben/reliabilitaetvaliditaetobjektivitaet.html (Zugriff: 05.07.2011)

Erzbistum Paderborn (o.J.). Leitfadeninterview- für einzelne, ausgewählte Personen (Experten). Verfügbar unter: http://www.pastorale-informationen.de/medien/anhaenge/k1_m8287.pdf (Zugriff: 14.04.2011)

Heteren-Frese, N., Kaune, A. (2010). Halbstrukturiertes Interview. Verfügbar unter: https://studip.hs-harz.de/studip/folder.php?cid=2f9cf6641dc1430dc0693fd9504e8841&data%5Bcmd%5D=tree&data%5Bopen%5D%5Bffa300520fe05c43171a73e2e927cffe%5D=1&data%5Bopen%5D%5Banker%5D=ffa300520fe05c43171a73e2e927cffe&open=09784ceb065376b9081ef801538956b1#anker (Zugriff: 07.04.2011)

Raber, V., Temmel, H. (2005). Erstellung eines Leitfadeninterviews. Verfügbar unter: http://www.soziologie.wiso.uni-erlangen.de/archiv/ws0506/sozmeth/tutorien/diskussion/Referat_vom_29.11.05_Thema_Erstellung_eines_Leitfadeninterviews.pdf (Zugriff: 07.04.2011)

Schmidt, C. (2006). Wie führe ich ein gutes Leitfadeninterview?. Leitfadeninterviews vorbereiten und führen Teil II. Verfügbar unter: http://www.uni-hildesheim.de/~cschmidt/Seminare-Innsbruck/Interviewtechniken/Folien-27-1-schmidt.pdf (Zugriff: 08.04.2011)

Seel, A. (2004). Einführung in die qualitative Forschung. Verfügbar unter: http://www.pze.at/typo3/fileadmin/user_upload/ife-dokumente/Qualitative_Forschung_Homepage.pdf (Zugriff: 07.04.2011)

SDI Research (o.J.) Interview. Verfügbar unter: http://www.sdi-research.at/lexikon/interview.html (Zugriff: 11.04.2011)

Stangl, W. (o.J.). Das Interview. Verfügbar unter: http://arbeitsblaetter.stangl-taller.at/FORSCHUNGSMETHODEN/Interview.shtml (Zugriff 07.04.2011)

Weyers, S. (o.J.). Erhebungsmethoden. Verfügbar unter: http://www.uni-frankfurt.de/fb/fb04/personen/weyerss/SoSe08_MeS/8Erhebungsmethoden.pdf (Zugriff am 11.04.2011)